DU

DROIT MARITIME

ET DES

RELATIONS COMMERCIALES

DES PEUPLES

CONSIDÉRÉS

DANS LEUR RAPPORT AVEC LES AFFAIRES D'ORIENT

PAR ÉDOUARD NAVILLE

« Faciliter les communications entre les
« peuples, et les rendre toujours moins
« étrangers les uns aux autres. »
(*Traité de Paris*, art. 5.)

PARIS

CHEZ AMYOT, LIBRAIRE

RUE DE LA PAIX, 6

1840

DU DROIT MARITIME

ET DES

RELATIONS COMMERCIALES DES PEUPLES

CONSIDÉRÉS DANS LEUR RAPPORT AVEC
LES AFFAIRES D'ORIENT

IMPRIMERIE DE H. FOURNIER ET Cᵉ
RUE DE SEINE, 14 BIS

DU

DROIT MARITIME

ET DES

RELATIONS COMMERCIALES

DES PEUPLES

CONSIDÉRÉS

DANS LEUR RAPPORT AVEC LES AFFAIRES D'ORIENT

PAR ÉDOUARD NAVILLE

« Faciliter les communications entre les
« peuples, et les rendre toujours moins
« étrangers les uns aux autres. »
(*Traité de Paris*, art. 5.)

PARIS

CHEZ AMYOT, LIBRAIRE

RUE DE LA PAIX, 6

1840

DROIT MARITIME

[illegible]

[illegible]

AVANT-PROPOS.

———◦———

La succession rapide et la marche nouvelle
des événements politiques depuis un demi-siècle,
ainsi que les progrès étonnants des sciences,
des arts et de l'industrie, ont amené dans l'état
de la civilisation des changements qui ont dépassé les prévisions des esprits les plus aven-
tureux et des imaginations les plus hardies.

Que faut-il attendre de ce nouvel ordre de
choses? Il est difficile de répondre à cette question générale, et il serait téméraire pour nous
de l'essayer. Nous voulons seulement jeter un
regard attentif sur le passé et chercher à connaître les causes principales de ces changements,

les effets qu'ils ont produits, afin d'apprécier par là l'influence qu'ils doivent exercer sur l'avenir économique des États européens. Il appartient à la prudence humaine, autant du moins que son insuffisance le lui permet, de préparer les voies que chaque peuple devra suivre pour prendre sa part des avantages auxquels ces progrès de l'intelligence appellent l'humanité.

Les nations imprévoyantes qui se laissent entraîner jour après jour par les événements, s'exposent à voir les peuples les plus hardis, les plus habiles, ceux dont le territoire est le plus heureusement situé, profiter seuls des bienfaits que la Providence a mis à la portée de tous.

Nous ne nous dissimulons aucune des misères qu'entraîne après elle cette nouvelle phase de l'état social ; misères qui sont la suite inévitable de la libre concurrence ; mais nous pensons que dans leur ensemble, les biens qui en résultent dépassent les maux produits par le choc de tant d'intérêts divers qui se croisent sur les mêmes routes.

Les gouvernements éclairés, en s'associant à
ce mouvement, feront sans doute tous leurs
efforts pour donner aux peuples une direction
conforme à leurs intérêts, pour leur apprendre
à les concilier lors même qu'ils paraissent opposés, et pour leur assurer la paisible conser-
vation des avantages que semble leur promettre
l'essor nouveau de l'industrie et du commerce.

Si tel peut être l'avenir, nous espérons que
la population industrielle aujourd'hui si nombreuse, en échappant par ces sages directions
à la misère qui la menace si souvent, arrivera
graduellement à un sort plus heureux, et qu'en
améliorant sa condition sociale elle s'élèvera
en même temps dans l'échelle morale et reli-
gieuse.

Exposer quelques idées qui peuvent aider à
obtenir ce résultat, tel est le but de cet écrit.

DU

DROIT MARITIME.

CHAPITRE PREMIER.

De la civilisation moderne considérée dans ses rapports avec l'Agriculture, l'Industrie et le Commerce.

Les modifications apportées depuis peu dans les intérêts moraux et politiques des nations, ont exercé sans doute une grande influence sur le sort des sociétés ; mais les changements qui se sont effectués dans l'ordre des intérêts matériels et positifs auront sur leur avenir une action tout aussi puissante. Ces derniers sont les seuls dont nous nous occuperons dans cet écrit.

Lorsqu'on considère ce qu'était l'industrie en 1789 dans les pays où elle était le plus avancée, en Angleterre et en France, et qu'on la compare à ce qu'elle est devenue de nos jours, on est frappé du contraste que présentent ces deux époques.

L'industrie n'employait, il y a cinquante ans, qu'un petit nombre de machines et n'avait, pour les faire mouvoir, que des chevaux ou des cours d'eau; le travail de l'homme était sa principale ressource. Sa fabrication se trouvait alors limitée par le nombre de bras qu'elle pouvait obtenir à un prix qui laissât à l'entrepreneur quelque bénéfice; et comme l'agriculture donnait à ces bras un emploi suffisamment lucratif pour la presque totalité de la population, il ne s'en offrait qu'un petit nombre pour les travaux de l'industrie.

La découverte de machines très-perfectionnées et l'emploi de la vapeur comme force motrice, sont venus de nos jours changer complètement cet état de choses, en fournissant les moyens de donner à la fabrication une étendue illimitée. Il y a peu d'années, la production était proportionnée aux forces naturelles dont elle pouvait disposer; maintenant les forces artificielles qu'elle emploie, telles que les machines à vapeur, pouvant se multiplier à volonté, elle ne rencontre plus d'autre limite que la possibilité d'échanger ses produits.

Ce fait change totalement le sort d'une partie très-nombreuse de la population. Naguère l'agriculture et l'industrie ne pouvaient se passer du travail de l'homme, ce qui, jusqu'à un certain point, assurait l'existence de l'ouvrier ; aujourd'hui les machines à vapeur sont pour lui des concurrents très-redoutables. A leur aide l'Angleterre obtient des résultats qui dépassent ce qu'elle pourrait exécuter avec une population dix fois plus nombreuse qui s'y consacrerait tout entière.

Cette même force motrice appliquée aux transports par terre et par eau, rapproche chaque jour les peuples entr'eux. Déjà la Grande-Bretagne et l'Amérique du Nord établissent sur leur territoire de grandes lignes de communication qui permettent de les parcourir avec une vitesse de 6 à 10 lieues à l'heure ; la France, l'Allemagne et l'Italie ont mis la main à l'œuvre ; ce système une fois adopté, rien ne peut empêcher qu'il ne soit appliqué avec une rapidité proportionnée à l'accroissement progressif des capitaux.

Les villes de l'Angleterre et des États-Unis, qui n'ont pas de chemin de fer, s'aperçoivent qu'elles ne peuvent soutenir la concurrence des villes rivales qui jouissent de ce moyen de communication. Le même contraste se fera sentir de nation à nation, et aucune ne voudra se priver de ce ressort désormais indispensable à la prospérité du commerce.

Il est probable qu'à une époque plus rapprochée qu'on ne le suppose, les transports par la vapeur seront établis dans toute l'Europe, sur les rivières, les canaux et les chemins de fer, et que peu de jours suffiront alors pour la parcourir.

Quels seront les effets de cette facilité donnée à tous les peuples de se verser les uns chez les autres ?

Jusqu'ici les voyages par leur prix et leur durée ont été le privilége exclusif des classes aisées ; à l'avenir ils seront à la portée de tous. Les ouvriers pourront se transporter à peu de frais partout où ils trouveront un salaire plus élevé ou des moyens d'existence plus faciles, et ils ne se verront plus forcés de rester dans un pays qui ne leur offre pas de ressources suffisantes. Les manufacturiers pourront explorer tous les pays et se fixer dans celui qui leur présentera au taux le plus avantageux les divers éléments nécessaires à leur fabrication, sans courir la chance d'être arrêtés dans la vente de leurs produits par la difficulté des communications.

C'est ainsi que l'industrie faisant des pas rapides dans la route qui lui est ouverte, pénétrera
bientôt chez toutes les nations.

L'agriculture ne restera point en arrière; aujourd'hui elle n'est en progrès que sur quelques
points peu étendus; un grand nombre de terres
restent presque sans valeur, bien que le sol soit
fertile et le climat favorable; mais lorsqu'on répandra partout de meilleures pratiques agricoles
et des instruments perfectionnés, ces terres se
couvriront à leur tour de riches produits. Les
frais de transport ne venant plus enlever au cul-
tivateur une grande partie de son bénéfice, il
pourra, lors même que les prix des baux s'élève-
raient encore, ou céder ses denrées à plus bas
prix, ou en conserver une meilleure part comme
salaire de son labeur.

Telles sont les raisons qui nous font espérer
que, malgré la rude concurrence que les machines
font au travail de l'homme, l'état des populations
agricoles et industrielles doit s'améliorer.

Il est une autre application de la vapeur dont
les résultats auront peut-être sur l'avenir une influence plus étendue encore que celle que nous

venons d'énoncer. A la navigation à voiles, incertaine comme les vents dont elle emprunte la force,
succède celle des bateaux à vapeur. De grands
bâtiments, poussés par des machines d'une puissance prodigieuse, traversant en douze jours
l'Atlantique, établissent des communications
promptes et régulières entre l'Europe et l'Amérique. La plupart des fleuves, des lacs et des canaux sont rapidement parcourus. L'Angleterre
possède plus de 900 bâtiments à vapeur; les États-
Unis la suivent de près, car le fleuve du Mississipi
en porte à lui seul plus de 260; bientôt la Méditerranée et la mer Noire les compteront par cen-
taines.

Que deviendront les rapports des peuples entr'eux, lorsqu'en quelques jours on passera d'un
hémisphère à l'autre, et qu'en une seule journée
on se transportera du centre à la frontière des
plus grandes monarchies? Les lignes de douanes
ne paraîtront-elles pas alors bien rapprochées et
trop gênantes pour le commerce? Les motifs qui
ont décidé les états du nord de l'Allemagne à sup-
primer les barrières qui les séparaient, n'agiront-
ils point dans le même sens sur les grands États?

Il ne faudra pas plus de temps pour traverser la France, l'Angleterre ou la Prusse sur un chemin de fer, qu'il n'en faut aujourd'hui pour parcourir la Bavière ou la Saxe sur une route ordinaire. Le grand nombre de voyageurs qui parcourront ces chemins, rendra la surveillance des douanes incomplète et facile à éluder. Dans de telles circonstances n'est-il pas à croire que le système prohibitif sera d'abord modifié, et plus tard abandonné comme étant devenu impossible et sans utilité pour le fisc?

Chaque année un plus grand nombre d'Européens séduits par les avantages que présentent les pays encore neufs qui ne demandent que peu de travail pour produire beaucoup, iront s'y établir, et accéléreront dans ces contrées le mouvement de la civilisation, à l'aide des perfectionnements qu'on y introduit chaque jour.

L'agriculture elle-même n'est pas à l'abri des craintes que doit inspirer la concurrence. Le sol de l'Europe, partie si essentielle de la fortune de ses habitants, est peu étendu, et il est, sous le rapport du climat et de la fertilité, inférieur à d'immenses territoires, encore sans valeur, qui n'attendent, dans d'autres parties du globe, que l'action puissante de notre civilisation. Quelques exemples donneront la mesure de l'extension que peut prendre la culture de ces vastes pays et du prix auxquels reviennent leurs produits qui commencent à exercer sur les marchés européens une influence déjà sensible, et qui ne cessera de s'accroître.

Les laines fines, produites d'abord par l'Espagne, puis par l'Angleterre, la France, l'Allemagne, la Hongrie, les steppes du midi de la Russie, commencent à l'être par l'Australasie. En France, l'entretien d'un mérinos ne peut pas être évalué, en moyenne, au-dessous de *huit* francs; dans le midi de la Russie, de 3 fr. 60 cent.; tandis que dans l'Australasie, grâce à l'égalité du climat et à la fertilité du sol, il ne s'élève pas au-dessus de 2 fr. L'augmentation des frais de transport est loin de compenser une pareille différence.

Le coton, ce produit des pays chauds, qui est venu remplacer le chanvre et le lin, croît dans les mêmes terres que le blé; les tableaux annuels de la production des États-Unis présentent la progression suivante: en 1821, 297,000 balles; en 1837, 1,861,497 balles.

La statistique des colonies anglaises nous apprend que le Cap de Bonne-Espérance fournit à l'Angleterre presque autant de vin que la France (1).

Les pays qui jusqu'à présent n'avaient pu importer avec profit leurs blés en Europe, pourront nous envoyer des farines; d'un côté, elles coûtent moins à transporter et se conservent mieux que les grains; de l'autre, l'application des machines à vapeur diminuera considérablement les frais de moûture.

Les Etats de l'Amérique du nord nous montrent ce que peuvent devenir les pays nouveaux d'une grande étendue, lorsqu'ils sont exploités par des Européens. Dans les vingt-deux dernières années on a construit, aux États-Unis, autant de routes, de canaux et de chemins de fer que l'Europe en possède (2). Cette population, de race anglaise,

(1) Importé en 1837 dans les royaumes unis :

	Gallons déclarés pour la consommation.		Droits reçus.
Du Cap,	619,371	500,066	68,887 l. st.
De France,	730,167	462,318	127,014
D'autres endroits,	6,627,701	5,599,898	1,539,066
	7,977,239	6,563,182	1,734,967 l. st.

Le gallon équivaut à environ 4 1/2 litr. (*Companion to the english almanach*, 1839).

(2) Michel Chevallier, *des Intérêts Matériels en France*, note 8, pag. 384.

si énergique et si laborieuse, poursuit ses immenses travaux, non seulement sur le continent américain, mais dans l'Australasie, dans l'Afrique méridionale, et dans toutes les contrées où elle plante son drapeau.

D'autres pays plus rapprochés de nous, tels que l'Égypte, la Syrie et les côtes septentrionales de l'Afrique, voient aussi leur agriculture se développer. Enfin, il est probable que les peuples de l'Amérique du sud finiront par se lasser de l'anarchie et de la misère où leurs dissensions intestines les ont plongés.

Ce rapide mouvement dont nous sommes témoins, et qui semble devoir s'accélérer encore, effraie beaucoup d'hommes sages qui ne trouvent, ni dans l'histoire, ni dans l'expérience, d'antécédent capable de les rassurer. Il n'est pas en notre pouvoir de dissiper leurs inquiétudes; nous nous permettrons seulement de leur rappeler que la découverte de la force de la vapeur étant un fait irrévocable, et ses applications prenant chaque jour plus d'extension, il faut en accepter les conséquences et s'efforcer de les faire tourner à l'avantage de l'humanité.

Peut-être même qu'en examinant avec attention

ce que nous prépare cette ère nouvelle, reconnaî-
trons-nous que l'Europe doit se hâter de prendre
la part la plus active dans ce mouvement, si elle
veut conserver la puissance qui depuis tant de
siècles l'a placée à la tête de la civilisation. Il
semble que dans l'avenir, le rôle de nos populations
éclairées, riches et agglomérées, sera d'envoyer
les produits des arts et de l'industrie aux autres
parties du globe qui lui donneront en échange
les productions de leur sol; la culture des terres
exige, comparativement aux autres industries,
peu d'avances; lorsque le terrain est encore sans
valeur capitale, et d'un autre côté pendant longtemps encore dans ces pays neufs, les cultivateurs,
ne payant que des fermages minimes, retireront le
le salaire le plus avantageux de leur travail.

L'Europe se trouve ainsi menacée d'une concurrence contre laquelle il faut qu'elle se mette sans
délai en mesure de lutter, en tirant le meilleur
parti possible des avantages dont elle jouit.

CHAPITRE II.

Des obligations que l'état nouveau de la civilisation impose aux
gouvernements européens.

———

Le monopole de l'intelligence et des lumières,
jusqu'ici brillant privilége de quelques nations,
tend à disparaître chaque jour. Tous les peuples
européens commencent à prendre leur part du
noble apanage dont la Providence a doté l'humanité. Les arts, les sciences, pénètrent l'industrie
partout. Chaque pays veut jouir des bénéfices que
lui assure l'emploi des matières premières qui sont
à sa portée, et offrir à ses consommateurs les
produits de ses manufactures qui n'étant plus
renchéris par des transports coûteux lui font espérer d'obtenir la préférence.

Ainsi, dans le premier moment d'effervescence
créatrice, la production de l'Europe tend évi-

dèmment à excéder la consommation, dans une proportion toujours plus forte; la population a beau s'accroître et l'aisance générale aussi, les machines à vapeur fournissent à l'industrie des moyens si puissants que la production prend toujours les devants : souvent même l'encombrement des marchés l'oblige de ralentir ses travaux, et parfois de les suspendre. Telle est la cause des crises industrielles et commerciales dont les effets sont si désastreux. Cependant, après des souffrances plus ou moins longues, le niveau se rétablit peu à peu. Les fabricants ayant cherché des procédés de plus en plus économiques, ont pu offrir leurs produits à plus bas prix, et les mettre ainsi à la portée d'un plus grand nombre de consommateurs. Cette extension donnée à la vente a fait élever de nouvelles manufactures ; en dernier résultat, la production comparée à elle-même de cinq en cinq ans, a toujours présenté de grands accroissements.

Les esprits prévoyants s'alarment de l'immense activité industrielle qui se développe ainsi chez tous les peuples en même temps; ils se demandent ce que deviendraient tous ces capitaux, tous ces ouvriers et ces masses énormes d'objets manufac-

turés, si la consommation et l'exportation ne ré-
pondaient plus à l'augmentation des produits, et
si la guerre venait paralyser ce mouvement com-
mercial.

Mais les gouvernements préoccupés par les difficultés de leur situation politique sont peut-être
moins soucieux des dangers de ce nouvel ordre
de choses, que ne le sont les chefs des établissements industriels dont la fortune dépend du plus
ou moins de garanties que leur offre l'avenir.

N'est-ce point à ces inquiétudes qu'on doit attri-
buer en partie le malaise qui règne dans la société?
malaise dont on ne se rend pas bien compte peut-
être, mais que ne dissimulent pas les hommes qui
s'élèvent au-dessus des incidents de la politique
du jour. Voyez les changements qu'amène dans la
population un progrès si rapide de l'industrie et
du commerce : la moitié de la nation anglaise, le
quart de la nation française et une assez forte proportion des autres peuples, c'est de l'industrie
manufacturière et du commerce qu'ils attendent
leur subsistance. L'existence de cette partie considérable de la société est intimement liée aujour-
d'hui à la prospérité de ces deux éléments de la
fortune publique. Le soin de les soutenir par tous

les moyens dont ils peuvent disposer est donc aussi devenu le premier devoir des gouvernements européens.

Comment parviendront-ils à remplir les obligations que leur impose cet immense développement de l'industrie auquel ils ne peuvent soustraire les peuples? développement qu'ils se garderaient au reste de comprimer, parce qu'ils savent que la nation qui refuserait de s'y associer, donnerait par ce fait seul à ses rivales une supériorité redoutable.

L'intérêt de chaque nation sera-t-il mieux protégé en cherchant à exploiter en commun et au profit de tous le commerce du monde, en adoptant les mesures propres à l'animer et à l'étendre, ou bien en employant les ressources de la politique pour entraver le commerce des autres peuples et les exclure de ce vaste champ d'opération?

Nous examinerons d'abord le dernier de ces systèmes, parce que c'est celui qu'on a suivi le plus souvent et dans lequel on peut craindre que les grandes nations ne soient tentées de persister.

L'Europe occidentale possédait jadis à elle seule la puissance et la civilisation : mais elle ne comptait guère que deux ou trois États du premier ordre. S'il se trouvait alors à la tête d'une grande monarchie un prince belliqueux et habile, on comprend qu'il pût momentanément, au prix de sacrifices et d'efforts extraordinaires, jouer un rôle prépondérant. Mais aujourd'hui que deux États nouveaux sont venus se placer au premier rang, celui qui voudrait dominer les autres devrait avec les forces qui lui auraient suffi naguères, en ajouter d'autres assez considérables pour maîtriser ces nouvelles puissances.

Est-il une nation qui puisse se flatter de jouer un tel rôle? Ce que nous avons vu de nos jours doit être, même pour les plus audacieux, une preuve du contraire. Le plus grand capitaine des âges modernes, avec un million de soldats aguerris et dévoués, n'a pu retenir la victoire sous ses drapeaux, et son sceptre est venu se briser contre l'Europe agrandie; s'il l'eût trouvée constituée comme elle l'était au temps de Louis XIV, aurait-il eu à craindre les efforts de ses ennemis? Qui oserait, à l'avenir, se lancer dans une carrière si périlleuse? L'agresseur serait trop faible contre tous les peuples, si vivement intéressés au maintien d'une paix, dont plus que jamais ils apprécient les bienfaits.

Ce que nous venons de dire, en parlant des guerres continentales, s'applique également aux guerres maritimes.

Les deux nations qui jouent maintenant un si grand rôle dans la politique du monde, la Russie et les États-Unis, possèdent, l'une et l'autre, une marine puissante, et peuvent, avec les éléments dont elles disposent, la rendre plus formidable encore. Si l'une des nations qui profitent le plus du commerce du monde, voulait entraver celui des autres états, pense-t-on que ceux-ci se présentassent isolément pour réclamer la liberté des mers? Cette supposition n'est guère admissible. Les hommes politiques qui les dirigent sont trop éclairés pour ne pas juger, au premier coup d'œil, la portée d'un tel événement; ils se réuniraient contre l'ennemi commun qui serait bientôt réduit à l'alternative, ou d'abandonner ses prétentions au monopole, ou de lutter contre les flottes de toutes les autres nations. Quelle que soit la puissance qu'on lui suppose, il ne pourrait se flatter d'échapper au sort qui a frappé Napoléon lui-même.

Que deviendrait, pendant la lutte, la nombreuse population qui vit, au jour le jour, du pro-

duit de son travail ? Au début des dernières guerres, la misère et le désespoir furent son partage;
mais elle était alors peu considérable, on la laissa
souffrir. Aujourd'hui qu'elle s'est prodigieusement
accrue et qu'elle sent toute sa force, se résigne-
rait-elle à un état d'autant plus déplorable, que
les secours qui pourraient lui être offerts seraient
partagés entre un plus grand nombre d'indi-
vidus ?

Si des souvenirs de gloire ont survécu à ces
guerres longues et sanglantes, ils n'ont pu effacer
la mémoire des revers qui les ont accompagnés : de
là, ce désir des peuples belliqueux de prouver que
l'avenir les retrouverait encore tels qu'ils se mon-
trèrent au temps de leurs brillants succès; ils conservent l'espoir de recouvrer un jour leurs anciennes conquêtes, et, dans cette expectative, ils
soldent les nombreuses armées qu'ils ont pris
l'habitude d'entretenir. C'est ainsi que la guerre
laisse après elle des traces profondes qui préparent
de nouvelles agressions.

Indépendamment des grands sacrifices que les
peuples ont faits depuis cinquante ans, ils sont
restés chargés de dettes énormes dont l'intérêt,
joint à l'entretien de leur état militaire, absorbe

près des deux tiers des revenus publics; et bien que le sol et l'industrie paient de lourds impôts, un tiers seulement est appliqué aux frais de la justice et à l'administration du pays, c'est-à-dire au bien-être des peuples.

Pendant que l'Europe était ravagée par des guerres désastreuses, que ses flottes s'entre-détruisaient, que les lettres de marque anéantissaient le commerce maritime, qu'une génération de marins, naguères occupée par le commerce, languissait inactive sur ses côtes, les Américains, auxquels elle laissait le champ libre, ont, sous leur pavillon neutre, habilement exploité le commerce maritime : voyons comment ils ont profité de ce puissant levier qui, de nos mains, a passé dans les leurs.

En 1792, ces peuples venaient de conquérir leur indépendance, leur population était à peine de quatre millions d'habitants, la confédération et les états étaient obérés, les citoyens peu aisés, la marine naissante : aujourd'hui leurs anciennes dettes sont éteintes; s'ils en contractent de nouvelles, c'est « pour couvrir leur immense terri-« toire de routes et de canaux, et rendre leurs

« ports les plus commodes de l'univers (1). » Leur marine est devenue la première pour la rapidité et pour l'économie, la seconde pour la quantité de marchandises qu'elle transporte.

Ces avantages, acquis pendant les guerres continentales, ils ont su les conserver pendant la paix; car, pour doter leur pays de ces grandes constructions qui lui assurent, par terre et par eau, les voies de transport les plus économiques, ils n'ont reculé devant aucun sacrifice. « Aussi « transportent-ils, sur leurs propres navires, les « neuf dixièmes des produits que l'Europe leur « envoie, et les trois quarts de ceux qu'elle reçoit « du Nouveau-Monde. Les vaisseaux des États- « Unis remplissent les ports du Hâvre et de Liver- « pool, tandis qu'on ne voit qu'un petit nombre « d'Anglais et de Français dans le port de New- « York. Le commerçant américain brave la con- « currence sur son propre sol, et il combat encore « avec avantage les étrangers sur le leur; il est « ainsi devenu le facteur des autres peuples (2). »

(1) Tocqueville, *de la Démocratie en Amérique*, tom. II, pag. 413.
(2) Tocqueville, *de la Démocratie en Amérique*, tom. II, pag. 414.

Chez les Américains toutes les forces de la population et les ressources financières tant publiques que particulières sont employées à l'amélioration du pays : c'est un état social tout nouveau pour nous, qui sommes accoutumés à voir chaque année le service militaire enlever à l'agriculture et à l'industrie un grand nombre de bras, absorber une partie essentielle des revenus publics. Aussi sommes-nous presque surpris lorsqu'on ose distraire de ces énormes budgets une faible portion destinée à l'industrie et aux travaux d'utilité générale, dépenses qui pourtant contribuent le plus efficacement à la prospérité des nations.

La perte d'une grande partie de son commerce maritime, qui a passé entre les mains des Américains, et la concurrence toujours croissante de cette nouvelle marine sont, sans contredit, pour l'Europe, un des plus fâcheux résultats de ses dernières guerres. Si la chance incertaine de gagner quelques provinces, ou celle d'entraver le commerce des autres nations, poussait quelque puissance à de nouvelles hostilités, les États-Unis seraient encore les seuls qui en profiteraient. Ce ne serait plus avec une population faible et peu aisée, avec des finances obérées et une marine naissante qu'ils lui feraient concurrence, mais avec dix-huit millions d'hommes riches, possédant tous les avantages d'une civilisation avancée et avec une marine aussi active que nombreuse (1).

Telles seraient les conséquences dangereuses de l'abus qu'un peuple ferait de sa puissance. Examinons maintenant si l'avenir de la population industrielle et agricole de ce même peuple ne serait pas mieux assuré par l'adoption du système opposé, système par lequel les nations chercheraient non plus à se nuire, mais à exploiter de concert le commerce du monde et à lui donner le plus large développement.

Ce serait là suivant nous la meilleure solution du grand problème qui préoccupe les gouvernements, celui d'assurer du travail aux classes laborieuses et un travail suffisamment rétribué.

Afin d'atteindre ce but, il faut rechercher les moyens d'accroître la consommation ; le plus efficace consiste à seconder les progrès de la civili-

(1) Les États-Unis sont peut-être la nation à laquelle l'extension du crédit a rendu les plus grands services. Ils ont fini par en abuser. Telle est la cause de la crise financière dont on déplore aujourd'hui les effets. Mais ceux qui connaissent l'Union américaine, ne considèrent ce qui s'y passe que comme une maladie momentanée de cette société si pleine de vie. Ils ne pensent pas que cela puisse atteindre les sources de sa prospérité future.

sation, puisqu'avec elle naissent l'aisance et de nouveaux besoins. Il faut, en second lieu, favoriser l'exportation et les échanges, en établissant entre les peuples des relations bienveillantes, et des communications aussi sûres que peu dispendieuses. Il importe surtout d'asseoir la politique générale sur des bases qui donnent au commerce et à l'industrie assez de garanties de stabilité pour qu'ils puissent raisonnablement compter sur l'écoulement régulier de leurs produits, sans avoir à craindre que la guerre ne vienne compromettre des opérations calculées sur un état de paix.

Le plus grand débouché pour l'industrie comme pour l'agriculture est sans doute la consommation intérieure. L'Angleterre nous en offre une preuve frappante : la statistique de ce pays prouve que la production industrielle des trois royaumes équivaut au travail de 200 millions d'hommes, et cependant il ne s'exporte à l'étranger que le dixième de cette prodigieuse fabrication ; l'aisance générale est si grande qu'elle suffit pour absorber les neuf autres dixièmes.

Comment l'Angleterre est-elle parvenue à cette prospérité ? En s'occupant avec tant de soin des intérêts matériels du pays, qu'il n'existe pas une

portion de ses champs, de ses prairies ou de ses
forêts dont les produits ne puissent être envoyés
au loin par une route bien entretenue; pas une
usine qui n'ait à sa portée un canal ou un chemin
de fer pour que tout ce qui sort de ses ateliers
soit transporté à bas prix jusqu'au port le plus
voisin ou au centre le plus rapproché de la consommation intérieure.

Aidée de ces puissants moyens, l'industrie a
pu réduire le coût de ses produits ; la seule dimi-
nution des frais de transport assure au fabricant
anglais la préférence sur les concurrents étrangers.
En même temps l'agriculture est parvenue dans
la Grande-Bretagne à un tel degré de perfection
que, malgré le peu d'étendue de son territoire et
son climat septentrional, le produit de son sol
équivaut à celui des plus vastes pays.

Les États-Unis marchant dans la même voie avec
l'ardeur et la puissance d'exécution qui caractéri-
sent leur active population, suivent de près les
Iles Britanniques.

Le continent européen a fait sans doute de
grands progrès depuis quelque temps, et s'il pouvait affecter chaque année une plus forte part de
ses ressources à l'amélioration morale et matérielle

du pays, il obtiendrait les mêmes avantages que l'Angleterre et l'Amérique, et verrait sa consommation augmenter graduellement dans la même proportion : mais il est évident qu'un résultat si désirable ne peut être obtenu que par le maintien de la paix générale.

Les dernières guerres ont donné la mesure de ce que coûte ce terrible fléau ; elles ont dévoré pendant vingt-quatre ans l'élite de la jeunesse, elles ont absorbé des milliards : que ces hommes eussent été laissés à l'agriculture, et qu'une partie seulement de ces immenses capitaux eût été sagement employée, l'Europe serait déjà pourvue de tous les établissements nécessaires à l'instruction, aux progrès et à la prospérité des peuples. Entreprendre de nouvelles guerres, ce serait donc ajourner de plus en plus ces grands travaux d'amélioration sociale; conserver la paix, c'est assurer leur exécution; c'est ouvrir un vaste champ à l'activité de toutes les classes ouvrières. C'est ainsi qu'on élèvera la consommation intérieure au niveau de celle de l'Angleterre.

Bien que l'exportation ne présente pas aux producteurs des débouchés aussi étendus que la consommation intérieure, elle est cependant d'une absolue nécessité; c'est à son aide que les peuples peuvent se procurer par des échanges les produits agricoles et manufacturés, que leur sol, leur climat ou l'état de leur population ne leur fourniraient pas, ou ne leur fourniraient qu'à des prix trop élevés.

Si le grand réseau des voies de communications intérieures, en favorisant également la production et la consommation, devient la source la plus féconde de la prospérité publique, n'en est-il pas de même, à plus forte raison, de tous les moyens qui ont pour but d'établir des rapports faciles entre les peuples de toutes les parties du globe.

C'est ici qu'il importe de mettre à profit tout ce qui peut faciliter les communications; il s'agit de distances telles, que les frais de transport sont une portion essentielle du prix des marchandises. Aussi l'application de la vapeur à la navigation doit-elle avoir plus d'influence encore sur les relations des peuples entre eux, que sur les rapports qui s'établissent entre les diverses parties d'un même pays.

Que sont en effet les canaux, les rivières et les fleuves auprès de ces mers immenses qui couvrent les trois quarts du globe et qui deviennent chaque jour davantage un moyen de rapprochement entre toutes les nations? La navigation à la vapeur ne date que d'hier, et déjà la distance qui nous sépare de l'Amérique est franchie en quelques jours, celle des Indes en peu de semaines. Ces grandes lignes qui vont se prolonger sur toutes les mers, rendront les rapports si faciles et si fréquents, que la civilisation européenne se répandra au loin, fera naître des besoins nouveaux, et en introduisant nos usages chez les autres peuples donnera à l'exportation toute l'étendue dont elle est susceptible.

Mais pour atteindre ce but, il faut que chaque nation puisse librement parcourir les mers et profiter sans crainte des routes qui conduiront le plus promptement ses vaisseaux au lieu de leur destination. Des obstacles de plus d'un genre s'y opposent aujourd'hui. Plusieurs routes maritimes traversent des états qui les considèrent comme leurs propriétés exclusives; d'un autre côté le droit maritime, surtout en temps de guerre, n'a jamais donné assez de sécurité aux navigateurs, pas même à ceux des pays neutres. Ouvrir les premières à toutes les nations, fonder le droit maritime sur les mêmes principes de droit des gens qu'on a suivis dans les guerres continentales, ce sont là, il nous semble, des besoins impérieux pour la navigation. Tant qu'ils ne seront pas satisfaits, on ne verra point diminuer le malaise social que nous avons signalé, et les relations internationales, tout en se développant, deviendront de jour en jour plus difficiles, et seront peut-être, par une étrange contradiction, une cause de guerre, un piége pour l'industrie et pour le commerce.

L'absence d'un traité maritime oblige quelques-unes des grandes puissances à s'emparer des positions et des passages nécessaires à leur commerce et à compromettre par là les intérêts des autres peuples et le maintien de la paix générale.

Depuis que les bateaux à vapeur en sillonnant la mer Méditerranée et la mer Rouge ont fait de l'isthme de Suez le véritable chemin des Indes, l'Angleterre, qui sent chaque jour davantage la nécessité d'augmenter ses moyens d'exportation, regarde cette communication comme indispensable à son commerce. Mais ce passage appartenant à l'Egypte, l'Angleterre, pour s'en rendre maîtresse, s'est emparée de la ville d'Aden sur la côte d'Arabie, d'où elle commandera l'entrée méridionale de la mer Rouge. Qu'on laisse suivre aux événements leur cours, et cette puissance ne tardera pas à posséder dans la Méditerranée un point militaire, plus rapproché de l'Egypte qui bientôt se trouvera, moralement du moins, sous sa dépendance.

La Russie dont les provinces du midi n'ont d'autre moyen d'exportation que la mer Noire et par conséquent les Dardanelles, ne peut laisser tomber entre des mains puissantes le seul débouché ouvert à des contrées qui comptent déjà plus de trente millions d'habitants : de là, ce protectorat si inquiétant pour l'Europe qu'elle exerce sur un Etat faible dont elle s'emparera le jour où elle ne pourra plus le soutenir.

L'Autriche, dont plus de la moitié de la population ne peut exporter ses produits agricoles que par le Danube, a récemment établi une navigation par bateaux à vapeur d'Ulm à Constantinople. Elle vient de conclure avec l'Angleterre et la Turquie un traité qui a pour but de rendre plus actives les relations commerciales de ces trois États, en créant une nouvelle communication du Danube à la mer Noire au travers des provinces turques. Ainsi le libre passage du Bosphore n'est pas moins nécessaire à l'Autriche qu'à la Russie.

Dès l'origine de la confédération américaine, les grands hommes qui la dirigèrent avaient jugé que le passage au travers de l'isthme de Panama, deviendrait un jour une condition de la prospérité des États-Unis, ce passage étant le seul qui permette à leur marine d'arriver promptement dans l'océan Pacifique. L'Angleterre ayant acquis la possibilité de communiquer avec l'Inde en moins de trois mois, les successeurs des Washington et des Jefferson comprirent que leur commerce se présenterait avec trop d'infériorité dans les mers de la Chine, s'il continuait à doubler le cap Horn ou celui de Bonne-Espérance. Ils virent que pour lutter à vitesse égale tout en traversant des mers moins orageuses, il était indispensable pour l'Amérique de percer l'isthme de Panama au lac de Nicaraga.

Aux yeux de ceux qui gouvernent aujourd'hui les États-Unis, cette nouvelle communication n'a rien perdu de son importance; mais, préoccupés de leurs affaires intérieures, ils se sont laissé devancer par l'Angleterre, qui plus habile ne néglige jamais rien de ce qui touche à ses grands intérêts. Elle a fait occuper par le capitaine Symonds l'île de

Roatan sur la côte de Guatimala (1), et elle compte organiser par l'entremise d'une grande société, et en lui prêtant 60 millions, un service de bateaux à vapeur entre Londres et l'Amérique centrale.

La France sait que la prospérité d'une grande nation dépend d'un juste équilibre entre sa force industrielle et sa force commerciale. Il est aisé à une nation de devenir industrielle ; il lui est très-difficile de devenir commerciale. Le génie des Français les porte de préférence vers l'industrie ; l'on voit depuis soixante ans leur commerce rester stationnaire et le service de leurs ports de mer se faire en grande partie par des étrangers, tandis que l'Angleterre et les États-Unis ont fait des pas immenses dans la carrière commerciale.

L'industrie, au contraire, faisant chaque année de notables progrès en France, ce pays s'éloigne de plus en plus d'un équilibre si nécessaire : aussi règne-t-il dans l'esprit des Français voués à l'industrie et au commerce, des inquiétudes sérieuses. En temps de paix, ils redoutent l'infériorité dans laquelle tomberait leur marine mar-

(1) *Journal des Débats* du 1er août 1839, extrait du *Morning chronicle.*

chande, si elle voyait fermées devant elle quelques
unes des principales routes maritimes ouvertes
aux nations rivales : pour le temps de guerre, ils
craignent que les flottes françaises ne comptent
pas assez de bâtiments à vapeur pour les mettre
en état de soutenir la lutte sans désavantage. Ils
n'ignorent pas en effet que la France aurait pour
adversaires des nations qui, prévoyant le rôle
que doit jouer la vapeur dans les guerres maritimes, construisent les bateaux des grandes lignes
commerciales sur des proportions qui permet-
traient de les armer en guerre, à la première approche du danger.

Les considérations que nous venons de présenter sont graves; elles montrent suffisamment,
suivant nous, à quel point le libre usage des principaux passages maritimes est devenu nécessaire
à toutes les nations commerçantes.

Cette nécessité chaque jour plus impérieuse, est
à nos yeux la première cause des embarras qui
compliquent aujourd'hui la politique internationale.

Depuis quelques années on a recours à des ex-
pédients, et on cherche à louvoyer au lieu d'a-
border hardiment la véritable question; de nou-

veaux retards en rendraient la solution plus difficile, parce qu'il se présente des incidents qui di-
minuent les chances d'une issue pacifique.

Les grandes nations convaincues que leur prospérité dépend de ce qu'on voudrait leur refuser,
sauront l'obtenir tôt ou tard, par des empiétements successifs, ou par la conquête.

Le choc des intérêts opposés doit aggraver
chaque jour les difficultés déjà existantes. Les
exigences du nouvel état social, le développement
de l'industrie et l'importance croissante des intérêts
commerciaux, doivent être satisfaits par une transaction, sous peine de s'exposer à des contestations qui rendraient la paix du monde précaire,
et feraient redouter aux peuples le retour de ces
luttes sanglantes si fatales à leur prospérité.

C'est comme moyen d'arriver à cette transaction, que nous présentons l'idée d'un traité maritime.

CHAPITRE III.

D'un traité maritime.

Les traités maintenant en vigueur déterminent
à la vérité les frontières des différents pays de
l'Europe occidentale, et les rapports territoriaux
des nations; mais le domaine des mers est resté
en dehors des stipulations internationales, et rien
ne règle d'une manière précise les droits respectifs
de ces mêmes peuples, quant à la navigation et
au commerce maritimes.

Aussi ces traités incomplets, parurent-ils bientôt insuffisants aux hommes politiques pour assurer l'avenir de l'Europe sur des bases solides ;
ils comprirent que tant que la grande législation
internationale ne s'étendrait pas sur toutes les mers
et sur l'Orient, de nouveaux différends ne tarderaient pas à surgir.

Cependant ils ne pouvaient connaître les deux faits importants et d'une date récente, qui devaient le plus hâter l'accomplissement de leurs prévisions; l'un, est le prodigieux développement de l'industrie et du commerce, qui exige comme condition indispensable de sa prospérité des communications maritimes plus sûres et plus faciles; l'autre est l'application de la vapeur à la navigation, et notamment le changement des principales routes commerciales, changement qui a donné à certains passages une importance qu'ils n'avaient point eue jusqu'ici.

Depuis que les mers sont devenues, plus qu'elles ne le furent en aucun temps, la grande voie de communication entre les peuples, depuis qu'une portion considérable des populations a fondé son existence sur l'industrie, qui ne peut prospérer que par une exportation croissante, les lacunes que présentent les traités existants se sont fait plus vivement sentir. Les événements qui viennent de se passer en Orient en ont démontré toute l'insuffisance.

Il est temps de s'occuper des négociations qui auraient pour but la neutralité des principaux passages maritimes; bien que quelques points aient été occupés, aucun de ces passages n'est tombé jusqu'à ce jour entre les mains d'une grande puissance ; différer davantage serait s'exposer à voir naître des difficultés qui rendraient toute négociation impossible.

Dans les grandes transactions de 1814, le principe dirigeant a toujours été de terminer les différends par la voie de l'arbitrage. Le même système a été appliqué aux divers conflits qui se sont élevés dès lors, et dont plusieurs, quelques années plus tôt, eussent été des occasions de guerre.

Les traités de Paris et de Vienne consacrent les principes dont un traité maritime ne serait que le développement ; il achèverait ce que les précédents traités avaient commencé.

L'article 5, du traité de Paris du 30 mai 1814, s'exprime ainsi :

« La navigation du Rhin, du point où il devient
« navigable jusqu'à la mer et réciproquement,
« sera libre, de telle sorte qu'elle ne puisse être
« interdite à personne, et l'on s'occupera au futur
« congrès des principes d'après lesquels on pourra
« régler les droits à lever par les états riverains,
« de la manière la plus égale et la plus favorable
« au commerce de toutes les nations.

« Il sera examiné et décidé de même, dans le
« futur congrès, de quelle manière, pour faciliter
« les communications entre les peuples et les
« rendre toujours moins étrangers les uns aux
« autres, la disposition ci-dessus pourra être éga-
« lement étendue à tous les autres fleuves qui,
« dans leur cours navigable, séparent ou traver-
« sent différents états. »

Le § 2 de l'art. 3 secret du même traité, s'exprime ainsi : « Les dispositions stipulées par l'ar-
« ticle 5 du traité patent pour la libre naviga-
« tion du Rhin, seront applicables à la libre na-
« vigation de l'Escaut. »

Le congrès de Vienne chargea des hommes
d'État distingués de préparer les moyens de mettre
à exécution les dispositions contenues dans les deux
articles que nous avons transcrits; ces articles de-
vinrent l'objet de leur examen dans douze confé-
rences. Dès la première, le duc de Dalberg, commissaire français, présenta un projet de convention dont les art. 17 et 18 renferment les expres-
sions suivantes : *Art.* 17, « A l'égard des autres
« fleuves, nommément le Weser, l'Elbe, l'Oder, la
« Vistule, le Danube, le Pô, le Tage, etc.; comme
« il a été reconnu que, pour faciliter les commu-

« nications des différents peuples et favoriser l'é-
« change de leurs productions, au moyen des
« routes fluviales. . . . .

« . . . .

« . . . .

« les puissances contractantes, n'envisageant que
« le bien général, et voulant l'opérer par tous les
« moyens, se sont accordées sur ce point, et ont
« adopté pour principe :

« Que le système adopté pour la navigation du
« Rhin et les embranchements, serait également
« appliqué à tous les grands fleuves sus mention-
« nés, sauf les modifications que pourraient exiger
« les localités particulières de chacun d'eux, ou
« la volonté des puissances copropriétaires des
« susdits fleuves. »

« *Art*. 18. En conséquence de ces dispositions
« fondamentales, les souverains, copropriétaires
« desdits fleuves, nommeront, immédiatement
« après les ratifications du présent traité, des
« commissaires qui rédigeront les règlements gé-
« néraux et particuliers, qu'ils jugeront néces-
« saires pour l'établissement permanent d'un ré-
« gime simple et uniforme pour tous lesdits grands
« fleuves. »

Dans la seconde conférence, on convint de prendre pour base de la discussion le projet présenté par M. de Dalberg, et de le discuter article par article. Les art. 1 et 2 ayant été lus, Lord Clancarty, commissaire anglais, proposa, afin d'étendre la liberté de la navigation du Rhin à toutes les nations, de substituer à la rédaction de ces deux articles la rédaction suivante : « Le Rhin, « du point où il devient navigable jusqu'à la « mer, et réciproquement, sera entièrement libre « au commerce et à la navigation de toutes les na- « tions, de manière que dans tout son cours, soit « en remontant, soit en descendant, il ne puisse, « sous ces deux rapports, être interdit à personne, « en se conformant toutefois aux règlements qui « seront établis pour la police, d'après le mode « convenu, lesquels règlements seront égaux pour « tous, et les plus favorables au commerce de toutes « les nations. »

Dans la même conférence, le baron de Humboldt, commissaire prussien, présenta un mémoire dans lequel se trouvent les passages suivants :

« I. *Examen des principes en général.* — Pour « concilier l'intérêt du commerce avec celui des

« États riverains, il est nécessaire que, d'un côté,
« tout ce qui est indispensable à la liberté de la
« navigation du point où une rivière devient na-
« vigable jusqu'à son embouchure, soit fixé d'un
« commun accord par une convention à laquelle
« rien ne puisse être changé sans le consentement
« de tous ceux qui y ont pris part, mais, que de
« l'autre, aucun État riverain ne soit gêné, dans
« l'exercice de ses droits de souveraineté, par rap-
« port au commerce et à la navigation, au-delà des
« engagements renfermés dans cette convention,
« et qu'en même temps il jouisse de sa part des
« droits levés sur la navigation en proportion de
« l'étendue de la rive qui lui appartient. Il sera né-
« cessaire d'établir, sur ces bases, des principes
« tellement généraux, que la différence des loca-
« lités ne pourra affecter que les modifications de
« leur application. On se borne ici, pour ne pas
« préjuger le travail de la commission, à indiquer
« seulement les points qui devront être réglés par
« ces principes, sans les énoncer eux-mêmes. Ces
« points semblent être les suivants :

« 1. La liberté de la navigation ;

« 2. Les droits d'étape ;

« 3. Le tarif des droits à lever, etc., etc.

« III. *Modé d'étendre les mêmes dispositions à*
« *toutes les rivières en général.* — Il serait inutile
« de prouver l'impossibilité de conclure des con-
« ventions semblables à celle sur la navigation du
« Rhin, sur toutes les rivières de l'Europe, pen-
« dant le temps du congrès; mais on pourra néan-
« moins faire un grand pas vers la liberté générale
« de la navigation des rivières. On pourra inviter
« les puissances qui signeront l'acte général et
« final du congrès à s'engager mutuellement à con-
« venir le plus tôt possible, tant entre elles qu'a-
« vec d'autres, d'arrangements sur la liberté de la
« navigation de celles des rivières de leurs États
« qui leur sont communes avec d'autres, ainsi
« qu'on a coutume de prendre, dans les traités de
« paix, l'engagement de conclure des traités de
« commerce. Pour ôter ensuite à cet engagement
« le vague qui pourrait le rendre illusoire, on
« devra de plus inviter les puissances à déclarer,
« d'une manière positive et obligatoire, que les
« principes qui seront établis comme entièrement
« généraux, et qui sont ceux mentionnés au nº I,
« formeront les bases de tous ces arrangements à
« mesure qu'on parviendra à les conclure. »

Enfin, le traité de Vienne, du 9 juin 1815, ren-
ferme les dispositions suivantes :

« *Navigation des rivières.* Art. 108. — Les puis-
« sances dont les États sont séparés ou traversés
« par une même rivière navigable, s'engagent à
« régler, d'un commun accord, tout ce qui a rap-
« port à la navigation de cette rivière. Elles nom-
« meront à cet effet des commissaires qui se ré-
« uniront au plus tard six mois après la fin du
« congrès, et qui prendront pour base de leurs
« travaux les principes établis dans les articles
« suivants :

« *Liberté de la navigation.* Art. 109. — La navi-
« gation dans tout le cours des rivières indiquées
« dans l'article précédent, du point où chacune
« d'elles devient navigable jusqu'à son embou-
« chure, sera entièrement libre, et ne pourra, sous
« le rapport du commerce, être interdite à per-
« sonne, bien entendu que l'on se conformera aux
« règlements relatifs à la police de cette naviga-
« tion, lesquels seront conçus d'une manière uni-
« forme pour tous, et aussi favorable que possible
« au commerce de toutes les nations. »

Suivent les articles relatifs à l'uniformité du

système, au tarif, à la perception des droits, etc.

En principe cette législation est complète et son application au Rhin et à ses affluents a eu, pour les pays qu'ils traversent, les résultats favorables qn'on en espérait. Les congrès ont donc fait faire un grand pas au droit international, en consacrant des principes dont les conséquences devront être si utiles au commerce, lorsque l'application en sera étendue, conformément aux stipulations de l'art. 118 du traité de Vienne, aux autres fleuves et rivières de l'Europe.

Après avoir pris connaissance de ces sages dispositions, on a peine à comprendre que les négociateurs habiles qui sentirent combien il importerait à la prospérité de l'Europe « de faciliter les « communications entre les penples et de les « rendre toujours moins étrangers les uns aux « autres, » n'aient appliqué cette belle théorie qu'à la navigation fluviale, dont l'importance, si grande qu'elle soit, n'entre cependant que pour une bien faible part dans le mouvement de la navigation générale, et dont l'utilité se trouve fort diminuée lorsque les mers, qui lui servent d'aboutissants, ne sont pas placées par les traités sous la même loi de neutralité et ne présentent pas à la propriété les mêmes garanties de sûreté et d'inviolabilité.

Il nous semble donc impossible que la mer, dont le libre usage est indispensable à de si grands intérêts, continue à être un vaste champ ouvert à toutes les rivalités, même en temps de paix, et qu'en temps de guerre, elle devienne une arène où, toute nation belligérante puisse légitimer la piraterie par l'usage des *lettres de marque*. Comment se fait-il que les puissances de l'Europe réunies en congrès aient pu, sous l'empire de notre civilisation, refuser d'abolir ce pillage des propriétés particulières, et conserver le droit barbare de lancer sur les mers des vaisseaux armés en course? N'est-ce pas là former légalement des marins au métier de corsaires, et préparer ces pirates qui exercent en tout temps sur les mers de si sanglantes déprédations (1)?

(1) Dès longtemps la suppression des lettres de marque a été le vœu des publicistes. Des hommes habitués au maniement des affaires en ont reconnu la possibilité. M. de Rayneval, dans ses *Institutions du droit de la nature et des gens*, s'exprime ainsi : « L'usage a consacré « cette espèce d'hostilité ; mais l'usage n'a pu en sauver l'immoralité. « Sans doute, en donnant aux lois de la guerre toute l'étendue imagi« nable, toutes les propriétés d'une nation sont solidaires à l'égard de « l'ennemi, et tout ce qui appartient à mon ennemi, je puis m'en empa« rer. Le cas de nécessité peut autoriser l'application d'une maxime « aussi rigoureuse ; mais, hors de là, on ne la connaît plus pour la guerre « continentale ; on ne pille ni les magasins ni les marchands qu'on ren-

Un tel état de choses pourra-t-il se concilier avec l'extension qu'a prise le commerce? Qu'on se représente le montant des valeurs qui flottent sur les mers : que deviendraient ces immenses capitaux, quel serait le sort de ces riches vaisseaux marchands, si des bâtiments à vapeur, armés en course, pouvaient les poursuivre en tout sens avec une rapidité que n'arrêtent pas les vents les plus contraires? Espérons assez des progrès de l'esprit humain pour attendre la suppression prochaine d'un abus qui aurait dû disparaître, lorsque, après le moyen âge, la guerre fut soumise aux règles du droit des gens, qui permet à l'ennemi de s'emparer du domaine public, mais lui impose le devoir de respecter les propriétés particulières.

« contre en pays ennemi. Pourquoi donc les pille-t-on sur la mer qui est « un élément libre? et ce pillage, quel rapport a-t-il avec le but de la « guerre, avec les principes du droit des gens? Des particuliers s'enri-« chissent aux dépens d'autres particuliers, et tout le mal retombe sur « le commerce et sur les paisibles négociants de deux nations ennemies. « Voilà ce que c'est que la course, et elle n'est rien autre chose. Je passe « sous silence la manière irrégulière, et souvent féroce, avec laquelle « se conduisent la plupart des corsaires, les vexations qu'ils font éprou-« ver aux neutres, et les querelles très-sérieuses qu'ils provoquent; pour « s'en convaincre on n'a qu'à faire le relevé de tous les règlements que « toutes les puissances font pour les contenir, ainsi que les contestations « dont les amirautés sont surchargées. Les nations ne s'éclaireront-elles « jamais sur ce genre de brigandage? Cependant elles y ont un intérêt « commun; et elles gagneraient les hommes de mer que la course ab-« sorbe. » (Ch. xvi, pag. 266.)

Pour satisfaire aux exigences impérieuses de notre temps, il nous semble que les puissances devraient examiner de concert si le moment n'est pas arrivé de poser les bases d'un nouveau droit maritime. L'histoire nous apprend que depuis plusieurs siècles la plupart des nations ont fait des efforts pour appliquer les principes du droit des gens aux relations maritimes de peuple à peuple. Malheureusement quelques-uns des États qui les avaient proclamés, se sont empressés de les abandonner lorsqu'ils ont pu jouer le rôle de dominateurs des mers. Mais comme c'est là un sceptre difficile à garder, il a bientôt passé dans d'autres mains, et ceux auxquels il échappait ont dû regretter d'avoir substitué aux principes de la justice le droit du plus fort.

Le traité de la neutralité armée du Nord auquel toutes les puissances continentales adhérèrent en 1780 et 1781, aurait été un grand progrès si les événements n'étaient venus en paralyser le développement.

Récemment, en 1823, pendant la guerre qu'elle a soutenue contre l'Espagne, la France a donné un noble exemple au monde (1).

(1) « Le gouvernement du roi avait arrêté que la course en mer

Le droit maritime, fixé sous la forme d'un traité qui poserait en principe la liberté des mers, désignerait et déclarerait neutres les passages indispensables à la navigation de tous les peuples; il stipulerait les droits particuliers des États dont le territoire serait traversé, en se conformant aux principes posés par les traités de 1814 et 1815 pour la navigation des fleuves, et cela d'une manière analogue à ce qui a été fait pour le Danemarck, relativement au détroit du Sund. Il placerait les propriétés particulières pendant les guerres maritimes sous la protection du droit des gens, comme elles le sont sur le continent pendant la guerre, et supprimerait en conséquence les lettres de marque.

Dans le traité maritime plus que dans aucune autre transaction, il serait peut-être convenable, important de déterminer un mode d'arbitrage pour les différends qui pourraient s'élever entre les puissances signataires : il s'agit de régler des intérêts compliqués à l'égard desquels il n'est guère

« serait interdite contre les bâtiments du commerce espagnol : bel « exemple que la France donnait la première d'effacer les vestiges de « l'ancienne barbarie, dans le code maritime des nations. » (*Annuaire historique universel pour* 1823, par C.-L. Lesur, pag. 239.)

de précédents bien précis et de statuer sur des faits qui pour la plupart se passent à de grandes distances. — Enfin, comme ce traité ne réunirait probablement par les signatures de tous les États, il ne remplirait complètement son but, que si les puissances signataires invitaient celles qui n'y auraient pas adhéré, à se soumettre, elles aussi, au même mode d'arbitrage.

CHAPITRE IV.

De l'intérêt qu'ont les différents États à prendre part au traité
maritime.

————

Les limites de cet écrit ne nous permettant pas
d'examiner successivement l'intérêt particulier que
chaque nation peut avoir à l'adoption d'un traité
maritime, nous nous bornerons ici aux grandes
puissances qui seraient appelées à poser d'un commun accord les bases de ce traité.

La France. — Cette puissance nous semble bien
placée pour prendre l'initiative, car elle est la seule
parmi les grandes nations qui n'ait aucun intérêt
spécial assez fort pour la faire hésiter sur la marche
qu'elle doit suivre; ses intérêts sont les mêmes
que ceux des autres pays: elle aura donc l'auto-
rité de celui qui parle réellement au nom de tous.

La situation de la France, entourée de trois

mers, lui assurerait un grand rôle dans les négociations; monarchie de trente - quatre millions
d'hommes, dont toutes les parties tiennent également à la nationalité française, elle tire de cette
unité sa principale force; sa marine militaire est
une des plus nombreuses et des plus aguerries, et
son état financier lui permettrait, en cas de
guerre, de faire les plus grands sacrifices pour
l'équiper et l'entretenir sur le pied le plus respec-
table.

Par sa position centrale, elle profiterait des fa-
cilités qu'offrirait au commerce l'ouverture des
trois principaux passages; ses ports de la Méditerranée ne sont pas éloignés du Bosphore et de
Suez, et ceux de l'Océan se trouvent sur une des
côtes de l'Europe les plus rapprochées de l'isthme
de Panama.

Lorsqu'un traité, signé par quelques unes des
grandes puissances, aura donné au commerce de
la France plus de sécurité; lorsqu'elle aura fondé
pour le soutenir, non des colonies, mais un
nombre suffisant de comptoirs, les Français reconnaîtront que le commerce maritime est la
source des plus grands bénéfices, que les produits
de leur sol et de leur industrie pourront alors

être offerts à des prix qui leur permettront de soutenir la concurrence dans tous les marchés. On verrait peu à peu les habitants de la vaste ceinture maritime de la France s'élancer dans une carrière que leurs pères avaient parcourue avec habileté et qu'ils ont plus tard abandonnée aux étrangers, dont les vaisseaux, les marins et les capitaux font le service de leurs ports. Des lignes de navigation par bateaux à vapeur deviendront nécessaires; elles mettront à la disposition du gouvernement de grands bâtiments qui, lorsque la paix sera troublée, pourront être armés en guerre et soutenir utilement la marine militaire.

C'est pour l'entretien de ses armées que la France a fait jusqu'à ce jour les plus grands sacrifices, parce que c'était sur les frontières de terre qu'elle avait la chance d'être attaquée. Peut-être n'en est-il plus de même aujourd'hui ; qu'a-t-elle à craindre des souverains et des peuples de l'Allemagne, dont les besoins et les intéréts sont devenus les mêmes que les siens ? La France voudrait-elle, en cherchant à étendre son beau territoire, se livrer à cet entraînement qui porte les peuples puissants à s'agrandir ? Mais aussi longtemps que ses producteurs ne renonceront pas au système prohibitif, toute conquête leur paraîtra nuisible. La France, telle qu'elle est maintenant, leur présente un écoulement suffisant pour la plus grande partie de leurs produits. Mais lorsque quelques départements nouveaux, chez lesquels la fabrication dépasserait de beaucoup la consommation, viendraient jeter sur le marché national une masse énorme d'objets manufacturés, cette concurrence serait une cause de profonde perturbation pour l'industrie existante.

Ce qui importe à la France aujourd'hui, c'est de protéger sur toutes les mers et dans tous les pays son commerce et ses comptoirs; ses rivaux sont l'Angleterre, la Russie et les États-Unis : en cas de lutte, c'est par mer seulement qu'elle peut les atteindre.

Une marine puissante est nécessaire à la France : elle devra donc y consacrer une plus grande part de ses revenus et l'élite de la population militaire de son vaste littoral; c'est la marche qu'ont suivie les Vénitiens et les Hollandais dans les siècles de leur puissance, et celle que les Anglais suivent encore aujourd'hui.

Les points maritimes dont les États rivaux de son commerce ne sauraient se passer, ne sont pas encore tombés entre leurs mains; mais si un traité ne vient bientôt concilier les intérêts si opposés qui sont actuellement en jeu, cette prise de possession aura lieu tôt ou tard, et entraînera nécessairement la France dans une guerre.

Les autres peuples préparent leur avenir; en présence d'aussi graves événements, la France n'a pas de temps à perdre, si elle ne veut se laisser devancer par eux; les plus grands efforts ne suffisent pas toujours pour reprendre la position qu'on a perdue, et les guerres maritimes doivent être préparées de plus longue main que les guerres continentales.

L'Autriche. — Cette monarchie a vu en dernier lieu les diverses branches de son industrie faire de rapides progrès; mais quelques unes seulement fournissent matière à exportation. L'agriculture dont les produits alimentent le commerce avec l'étranger, semble appelée à prendre une plus grande extension, principalement dans les provinces étendues et fertiles, situées à l'orient de la capitale. Jusqu'ici le manque de débouchés et des institutions contraires au développement proportionnel de la population, ont maintenu ses produits à un taux si bas que les producteurs n'ont guère osé dépasser les exigences de la consommation locale.

Si un tel état de choses devait se prolonger, on verrait des pays neufs et l'Australasie en particulier, favorisés par un plus beau ciel, par une exploitation intelligente et le bas prix des transports, étendre et animer leur commerce d'exportation ; on verrait les productions de ces pays alimenter bientôt les marchés européens, tandis que les fertiles provinces de la monarchie autrichienne, faiblement exploitées et privées de moyens suffisants d'exportation, resteraient sans valeur entre les mains de leurs possesseurs.

La position géographique de cet empire n'est pas favorable au commerce extérieur ; il a trop peu de côtes pour son étendue. Il possède, il est vrai, un grand fleuve qui le traverse dans sa longueur, précisément à la place qu'un ingénieur habile aurait choisie pour y creuser un canal et pour ouvrir ainsi un large débouché aux provinces intérieures, c'est-à-dire à la moitié des États de la monarchie. Mais ce fleuve magnifique aboutit à la mer Noire et par conséquent n'a d'autre issue que le Bosphore.

Il est à ce sujet d'autres considérations plus sé-

rieuses : si la Russie devenait un jour maîtresse
d'une partie des provinces turques et de Constantinople, elle entourerait les États de l'Autriche
d'une manière menaçante; aussi, dès que les projets de la grande Catherine ont été connus, s'y
opposer est devenu le premier devoir et la pensée
constante des souverains et des ministres habiles
qui ont dirigé la politique du cabinet de Vienne.

Si un traité maritime empêchait le Bosphore
de tomber entre les mains de la Russie, s'il assurait une libre et facile exportation aux provinces
qu'arrose le Danube, s'il garantissait à la marine
marchande de l'Autriche la liberté et la sûreté
qu'exige le service de ce grand pays si mal pourvu
de ports, cette monarchie en retirerait d'immenses
avantages. Aussi devrait-elle s'unir fortement à la
France, pour concourir à la négociation d'un traité
qui complèterait le droit public des nations.

Signataire de ce traité, l'Autriche, trouvant ses
débouchés assurés et n'éprouvant plus le besoin
de se donner une marine dans la Méditerranée,
n'aurait plus le même intérêt à former sur la pé-
ninsule italique des projets qui pourraient compromettre la paix générale.

La Prusse et la Confédération des douanes alle-

mandes. — Réunir vingt-huit millions d'hommes pour en former commercialement une seule nation, et faire disparaître les entraves qui paralysaient leurs rapports économiques, a été sans doute une grande pensée; mais pour qu'elle porte tous ses fruits, il faut, après avoir donné l'essor à la fabrication, assurer la vente des produits.

Le jour où les barrières sont tombées, où les fabricants ont vu s'ouvrir devant eux une vaste contrée, ils ont pensé que l'écoulement serait presque illimité et ils ont donné à la production tout l'accroissement qui était en leur pouvoir. Mais ils ne tarderont pas à s'apercevoir que cette grande agglomération de peuples ne possède pas des moyens d'exportation proportionnels à sa population et à l'étendue de son territoire. Ces divers pays n'ayant d'autres marines que celles de la Prusse, de la Hollande et des villes anséatiques, il devient d'autant plus nécessaire de pourvoir à leur sûreté par toutes les garanties possibles.

Les États du nord de l'Allemagne sont liés à la Russie par leur situation géographique, et à l'Angleterre par leur commerce maritime; une guerre entre ces deux puissances les placerait dans une position difficile. La neutralité serait probablement le rôle qu'ils adopteraient; mais une associa-tion aussi étendue, composée d'un si grand nom-bre d'États, présentera dans les circonstances cri-tiques des intérêts bien divers, et il ne sera pas toujours facile de les concilier avec les exigences des nations belligérantes.

Cette association, composée de plus de vingt États différents, aura de la peine à manœuvrer comme un seul et même État, et cependant, sans cet ensemble, la neutralité, et avec elle, l'union commerciale de ces peuples seraient compromises.

Plus la guerre serait un événement fâcheux pour la Prusse et pour les États de l'Allemagne qu'elle a liés dans l'intérêt de leur commerce avec tant d'habileté, plus il nous semble que les gou-vernements de ces pays doivent insister, de con-cert avec la France et l'Autriche, sur l'opportu-nité d'un traité maritime.

La Russie. Cet empire grand comme deux fois l'Europe (1), composé de nations si diverses et dont les extrémités ressentent faiblement l'action de la force centrale, semble avoir besoin de civi-

(1) En milles géographiques l'Europe jusqu'à l'Oural,   2,742,000
                                 l'Europe occidentale,   876,000
                                   la Russie d'Europe,   1,354,000
                                   la Russie d'Asie,   4,190,000

liser et d'amalgamer ses peuples, plutôt que d'augmenter les difficultés de son administration en re-
culant encore ses frontières.

La véritable force de l'empire, le cœur de cet
État, ce sont les riches provinces qui s'étendent
au sud de Moscou, autour de Pultava : près de 30
millions d'hommes cultivent ces plaines plus étendues que la France et l'Espagne réunies.

Le développement de l'agriculture et du commerce a toujours fortement occupé la pensée des
habiles souverains qui depuis Pierre-le-Grand ont
gouverné la Russie : aussi a-t-elle fait depuis un
siècle des progrès remarquables.

A tous ses avantages territoriaux, la Russie aurait voulu joindre ceux du commerce maritime.
Mais, et c'est ici la plus grande difficulté de sa position, quelques ports seulement se trouvent dans
ses vastes États; situés aux extrémités du pays,
soit au nord, soit au midi, l'Europe entière les
sépare : il faut donc à la Russie deux marines qui
seraient presque dans l'impossibilité de s'entr'aider en temps de guerre.

S'emparer des côtes de la mer Caspienne et de
celles de la mer Noire, établir entre elles de faciles
communications, tenir sous sa dépendance la

puissance maîtresse du Bosphore et des Dardanelles ; telle a toujours été la politique de la Russie.
Cette politique lui est dictée par sa position géographique ; la plupart des fleuves qui la traversent
courant au sud, les deux tiers de ses provinces
n'ont d'autre moyen d'exportation que ces deux
mers et l'étroit passage qui les met en communication avec toutes les autres. La liberté du Bosphore
en tout temps est donc pour la Russie une absolue
nécessité.

Arriverait-t-elle à ce but plus sûrement en s'em-
parant de Constantinople ou en adhérant au traité
maritime ? C'est ce que nous allons examiner.

Il ne suffit pas pour sa marine marchande de
pénétrer dans la Méditerranée, il faut qu'elle puisse
naviguer librement et sans inquiétude sur toutes
les mers.

L'occupation de Constantinople serait considérée par les autres puissances comme une rup-
ture de l'équilibre européen, dangereuse pour leur
politique et qui pourrait fermer à leurs marines
l'entrée de la mer Noire. Elles seraient alors dans
la nécessité de tout tenter pour s'opposer à cet
agrandissement de la Russie ou pour rendre cette
conquête inutile.

Avec les moyens maritimes que ces puissances possèdent, il ne leur sera pas difficile d'établir sur les côtes qui avoisinent la sortie des Dardanelles, ou dans les îles les plus rapprochées, des forts qui, appuyés par leur marine, rendraient impossible ou tout au moins bien dangereuse la sortie des flottes russes. Supposons que ces flottes surmontent tous les obstacles et franchissent le passage, seraient-elles en état d'accomplir leur mission, de protéger en tous lieux la marine marchande et le commerce russe? Evidemment non, puisqu'il faudrait qu'elles fussent en état de tenir tête aux flottes réunies de toutes les autres nations.

Des considérations d'un autre ordre n'ont sûrement pas échappé au cabinet de Saint-Pétersbourg, qui s'est fait dès longtemps remarquer par son habileté et la portée de ses vues. L'empire russe a déjà atteint et probablement dépassé les limites au-delà desquelles un gouvernement, quelque habile qu'on le suppose, ne peut plus suffire à tous les devoirs qu'impose la bonne administration des peuples.

La Russie, une fois maîtresse de cette Bysance qui fut préférée à Rome et de ces belles provinces appelées *le jardin de l'Europe*, sa population attirée par les avantages et les séductions d'un pays si favorisé de la nature, ne tarderait pas à s'y transporter et à quitter les âpres climats du Nord; la cour elle-même pourrait-elle résister à cet entraînement? et le besoin de se rapprocher de ses provinces du Midi, situées à sept cents lieues du siége du gouvernement, ne l'engagerait-il pas à résider fréquemment à Constantinople qui finirait ainsi par devenir l'une des capitales de l'empire?

Un esprit différent et des intérêts opposés ne tarderaient pas à faire éclater une lutte entre ces deux capitales; et sous le nom de vice-royauté, il se formerait un gouvernement séparé, dépendant en apparence, confié à un prince de la maison régnante, et bientôt on verrait l'empire se partager en deux, celui du Nord et celui du Midi.

Quelle serait, après ce partage, la condition de la Russie du Nord, qui aujourd'hui voudrait faire la conquête de Constantinople?

Elle aurait perdu peut-être quelques unes de ses provinces méridionales, qui pourraient bien, dans le partage, être entraînées par leurs intérêts à s'unir à ce nouvel Etat. La partie la plus riche de la nation s'étant établie sur les rives du Bosphore, les terres du Nord baisseraient de valeur et verraient disparaître les capitaux nécessaires à leur exploitation.

Les mœurs efféminées et corrompues de l'Orient envahiraient les classes aisées jusques dans les provinces du Nord, comme elles envahirent Rome après la translation du siége de l'empire à Bysance, comme elles corrompirent Venise quand elle se fut emparée des îles de la Méditerranée.

Enfin cette conquête aurait pour conséquence de fonder à Constantinople un État organisé sur des bases semblables à celles de la monarchie russe et qui séparé, resterait seul possesseur du Bosphore et des Dardanelles. Dès lors, la prise de Constantinople, loin d'assurer pour toujours à la Russie la libre sortie de la mer Noire, n'aurait en définitive d'autre résultat que de mettre ce passage entre les mains d'une puissance nouvelle, qui lui en refuserait l'entrée, toutes les fois que ses intérêts le lui commanderaient.

Un traité maritime, au contraire, pourrait assurer à la Russie le libre accès du Bosphore, quelle que fût la nation maîtresse de ses rives. La marine russe se trouvant ainsi protégée sur toutes les mers, pourrait donner au commerce d'exportation l'activité et l'étendue que les progrès de l'agriculture rendent tous les jours plus nécessaires.

L'Angleterre. — L'Angleterre doit-elle adopter pour base de son commerce le système de la libre navigation des mers ? ou doit-elle suivre celui du monopole, en apportant des entraves plus ou moins grandes au commerce des autres nations?

Examinons quelles seraient pour elle et pour les autres peuples les conséquences de l'un et de l'autre de ces systèmes.

Supposons que, poussé par le malaise des classes industrielles résultant de l'encombrement du marché, le gouvernement anglais abuse de sa puissance pour leur ouvrir de nouveaux débouchés au préjudice des autres nations. Il leur procurerait sans doute un soulagement momentané ; mais l'énergie de l'industrie anglaise est telle, que bientôt elle aura produit au-delà de ce que pouvait absorber ce nouveau débouché. L'état de souffrance qui avait fait commettre ce premier abus de la force se renouvellera ; il faudra soutenir cette injustice et bientôt en commettre une seconde dont les avantages ne se feront également sentir que pendant un temps limité.

Une fois entré dans cette voie, le gouvernement anglais ne pourra plus s'arrêter, parce qu'il aura donné à l'industrie et à la population laborieuse un développement proportionné non seulement à ses moyens naturels de consommation et d'exportation, mais encore à ceux qu'il se sera momentanément appropriés au préjudice des autres nations.

Dès lors l'irritation de ces peuples ainsi dépouillés, ira toujours croissant, et ils redoubleront d'efforts pour se soustraire à cette injuste domination. Les mesures coërcitives de l'Angleterre devront donc s'étendre dans la même proportion. Il faudra qu'elle entretienne une marine capable à elle seule de résister aux flottes de toutes les autres puissances : à celles de la France dont les vaisseaux du plus parfait modèle sont commandés par des officiers plus instruits qu'ils ne l'ont jamais été, et qui n'ont pas oublié que, jusqu'à la fin du siècle dernier, ils luttèrent sans désavantage contre ceux de l'Angleterre; à celles de la Russie, qui a prouvé par ses établissements maritimes et par les grands navires qu'elle a construits depuis quelques années, qu'elle possède les éléments nécessaires pour créer des flottes formidables; enfin, à celles des États-Unis, peuple de race anglaise dont les rivages étendus sont couverts de navigateurs hardis et expérimentés. Au début de la guerre, ce dernier État aurait, il est vrai, peu de grands bâtiments; mais ses habiles constructeurs, auxquels les forêts ne manquent pas, auraient bientôt construit des flottes que rendraient plus redoutables encore les nombreux bateaux à vapeur qui viendraient les soutenir.

Quelle que soit la puissance de l'Angleterre, quel que soit le patriotisme de cette nation énergique et persévérante, elle finirait par s'apercevoir qu'une situation forcée ne pouvant durer indéfiniment, elle aussi aurait à craindre un jour l'épuisement qui suit toujours des efforts aussi injustes qu'exagérés.

L'histoire est là pour prouver qu'aucune nation n'a conservé longtemps une puissance qui était devenue pour tous une menace et un danger. Les peuples les plus redoutables ont trouvé dans leurs efforts mêmes la cause de leur affaiblissement.

Rome, maîtresse du monde sous Auguste, vit bientôt se former sur tous les points de l'horizon l'orage qui, plus tard, fondit sur l'Empire.

Venise, après des siècles de puissance, vit enfin se réunir contre elle, l'Europe qu'elle avait irritée par sa hauteur; elle lui résista, à la vérité, avec un courage héroïque; mais sa résistance même la fit tomber dans un état d'épuisement dont elle n'a pu se relever.

La Hollande contracta des dettes énormes pour entretenir cette marine à laquelle elle dut ses trop courts mais brillants succès.

L'Angleterre elle-même n'est sortie avec honneur des dernières guerres qu'en pliant sous le fardeau de sa dette.

En admettant même qu'une guerre entreprise pour des intérêts commerciaux dût être favorable à l'Angleterre, toujours est-il que des alternatives de succès et de revers viendraient en marquer les phases; que deviendraient, pendant les interruptions inévitables du travail, les milliers d'ouvriers qui vivent au jour le jour du chétif salaire que leur procure la mise en œuvre des onze cent mille balles de coton qu'envoient annuellement les États-Unis?

Les nations qui auraient à se plaindre des entraves mises par l'Angleterre à leur commerce ne laisseraient pas pénétrer chez elles la moindre partie du produit de ses manufactures. Elles renforceraient leur système prohibitif et introduiraient par là sur leur territoire la fabrication d'objets que, dans le cours ordinaire des choses, l'Angleterre leur aurait fournis longtemps encore.

Nous avons admis l'hypothèse que l'Angleterre parviendrait à soumettre les autres marines et qu'elle pourrait profiter seule de la navigation des mers. Mais cette supposition est-elle plausible lorsqu'il s'agit de l'appliquer aux passages dont elle paraît depuis quelques années désirer la libre disposition ? les obstacles qu'elle aurait à surmonter sont au-dessus de toutes les forces humaines, puisqu'ils tiennent à sa position géographique. Le Bosphore, l'isthme de Suez et celui de Panama sont aussi éloignés de la Grande-Bretagne, qu'ils se trouvent rapprochés, les deux premiers de la Russie, de l'Autriche et de la France, le dernier des États-Unis. Des États, auxquels le voisinage des points disputés donne tant d'avantages, réuniraient tous leurs efforts pour prévenir l'occupation exclusive de ces passages qu'eux aussi jugent nécessaire à leur commerce. Leurs navires à vapeur armés en course partiraient de tous les ports voisins pour attaquer la marine marchande des Anglais qui ne trouverait dans les escortes qu'une protection insuffisante.

Ainsi, après avoir déployé des forces considérables pour soutenir au loin une guerre que les flottes ennemies pourraient faire sans trop s'éloigner de leurs ports, l'Angleterre n'aurait pas même obtenu pour son commerce les avantages qu'elle désire. La navigation, sur ces nouvelles routes maritimes, n'offrant pas une sécurité suffisante, deviendrait trop coûteuse, et ne laisserait point le bénéfice qu'on en attendait.

Ces conquêtes, aussi difficiles à faire qu'à conserver, n'auraient eu d'autre résultat qu'une possession précaire sans profit véritable, car l'entretien d'une marine puissante aurait exigé des impôts plus forts, aurait fait hausser la valeur de tout ce qui tient à la navigation, et porté par conséquent le prix du frêt à un taux plus élevé. Cependant c'est au bas prix du frêt que tient essentiellement la prospérité des États maritimes, puisque non seulement il leur donne les moyens de faire avantageusement leur propre commerce, mais encore celui des autres peuples, et de créer ainsi des matelots nombreux et expérimentés, qui constituent la force de la marine militaire. Quelque puissant que soit l'empire britannique, il n'est pas sûr que les avantages qu'il a retirés des dernières guerres compensent les conséquences funestes de leur durée. La dette énorme que l'Angleterre a dû contracter, et les impôts de toute nature qui en sont la conséquence, ont établi entre son fret et celui des États-Unis une si grande différence qu'elle s'est vue obligée de soutenir sa marine marchande par des priviléges à la charge de la nation, priviléges sans lesquels les Américains deviendraient ses facteurs comme ils le sont de la plupart des autres peuples. Déjà même un grand nombre de matelots anglais et français passent au service des États-Unis, où ils trouvent un emploi plus assuré et plus lucratif.

Tout système contraire à la liberté du commerce porte tôt ou tard des fruits funestes. A son début, on peut être frappé des avantages partiels qu'il procure, mais on ne tarde pas à en ressentir les fâcheux effets. Il renchérit tous les éléments de l'industrie, la nourriture des hommes, les matières premières, le fret. Comment d'ailleurs le soutenir quand les nations qui l'abandonnent feront une sérieuse concurrence à celles qui l'auront conservé (1)?

L'Angleterre, par sa position spéciale, a pu re-

(1) Le tarif protecteur de l'industrie américaine va en décroissant par degrés; le 1er juillet 1841, il sera réduit à 20 p. 100 au *maximum*. (Michel Chevallier, *Lettres sur l'Amérique du Nord*, tom. I, pag. 217.)

tirer du système prohibitif de grands avantages, mais elle s'aperçoit que le moment approche où il pourra lui devenir nuisible. Elle possède de telles sources de prospérité qu'elle semble bien placée pour procéder graduellement à une réduction dans les droits, et pour arriver par là, après un temps que les circonstances seules peuvent déterminer, à la liberté entière du commerce.

Le peuple qui dispose des plus grands moyens industriels et commerciaux, qui possède les capitaux les plus considérables, la marine la plus nombreuse, presque toutes les colonies, et qui trouve des points d'appui pour son commerce dans toutes les parties du globe, un tel peuple ne doit-il pas se croire en état de soutenir avec avantage la concurrence des autres nations ? ne doit-il pas se considérer comme le plus intéressé à la consécration des principes de la liberté, du commerce et de la libre navigation.

En définitive, le système du monopole donnerait à l'industrie anglaise une extension exagérée, nécessiterait des armements très-onéreux, amènerait des guerres qui exposeraient sa population industrielle à de grandes souffrances, exciterait contre l'Angleterre l'irritation de tous les peuples, fermerait les débouchés ouverts aujourd'hui à ses manufactures et, en élevant son fret, assurerait à la marine américaine une incontestable supériorité.

Même en supposant les chances les plus favorables, un homme sage pourrait-il de sang-froid asseoir l'avenir de son pays sur une base aussi fragile que le système du monopole? Voudrait-il s'exposer à tous les dangers et aux crises violentes qui sont la suite nécessaire de ce système et qui menacent tous les États, en particulier l'Angleterre, dont la situation se complique de l'énormité de sa dette et de la position inquiétante de l'Irlande et du Canada?

Lorsqu'un traité aurait réglé et garanti leurs droits, quant à la navigation et aux intérêts de leur commerce maritime, les peuples rassurés sur l'avenir, reconnaîtraient qu'ils peuvent sans danger diminuer leurs armements. L'industrie, ramenée dans les voies naturelles par la liberté, suivrait une marche plus régulière, et ne serait plus exposée aux catastrophes que se prépare une activité factice fondée sur l'abus de la force; car on perd un jour les débouchés dont on ne jouissait que momentanément, et la production forcée de fermer brusquement un grand nombre d'ateliers, couvre le pays d'angoisses et de misère.

Le commerce du monde ne prendra son essor et une marche régulière que lorsqu'il pourra, sans craindre d'être inquiété, diriger ses vaisseaux par les routes les plus directes ou les plus favorables à ses intérêts.

Si, malgré ces considérations, l'Angleterre refusait de concourir à un traité meilleur, ce refus serait pour les autres peuples la raison la plus décisive de se lier entre eux : l'Angleterre leur aurait prouvé qu'elle se croit assez forte pour les dominer, et qu'elle veut se réserver la faculté d'entraver la liberté des mers, lorsqu'elle le croira utile à ses intérêts.

États–Unis. —Les ressources financières dont le gouvernement d'une nation peut disposer dépendent moins de la richesse de ses peuples que de leur longue habitude de verser au trésor public une partie plus ou moins forte de leur revenu.

Les peuples de l'Europe sont dès longtemps accoutumés à payer de lourds impôts ; il n'en est pas de même des nations qui, depuis un demi-siècle, se sont organisées dans le nord de l'Amérique ; aussi leurs forces militaires et navales sont-elles, en temps de paix, fort inférieures à celles des puissances européennes.

Chez les Américains tout a été calculé pour l'état de paix, parce que rien ne s'opposait à la libre possession de leur vaste continent ; chez les nations de l'Europe, au contraire, tout a été calculé pour l'état de guerre, parce que, se disputant un territoire sur lequel elles se trouvaient à l'étroit, elles se sont crues obligées d'être toujours prêtes à résister à leurs voisins ou à les attaquer.

C'est un état social, inconnu à l'Europe, celui qui permet d'appliquer, comme nous l'avons dit, toutes les forces de la population et toutes les ressources financières au bien du pays, c'est là la principale cause de la prospérité de l'Amérique. Mais ce système qui a des résultats admirables en temps de paix, rend la guerre plus difficile à soutenir ; une nation n'improvise pas en un jour des armées et des flottes prêtes à combattre. L'habitude de payer peu d'impôts rend difficiles les sacrifices que peut exiger la position critique du pays. L'Union américaine en a fait la pénible expérience au commencement de la dernière guerre.

Aucun peuple ne voit un plus vaste champ s'ouvrir à son activité et ne met mieux à profit les avantages de la paix que le peuple des États-Unis; aucun ne nous paraît avoir un plus grand intérêt à la conserver.

L'Europe et l'Amérique sont maintenant trop rapprochées pour ne pas exercer l'une sur l'autre une grande influence : l'Union ne peut se dissimuler que plus ses intérêts sont liés à ceux de l'Europe, plus il lui sera difficile de rester étrangère aux guerres qui éclateraient entre les puissances maritimes. Sa politique exige donc qu'elle fasse tous ses efforts pour éloigner ce danger. Un traité maritime semble être le plus sûr moyen d'y parvenir; il consacrerait des principes qui ont été réclamés par les États-Unis dès l'origine de leur indépendance, et qui ont toujours servi de base aux instructions données à leurs négociateurs.

Ne sommes-nous pas fondés, en conséquence, à espérer que la grande confédération des peuples du nord de l'Amérique, éclairée sur ses vrais intérêts, voudra s'associer à ce traité, et former avec la France et l'Autriche le premier faisceau des peuples qui s'engageront à le faire respecter.

La Turquie. — L'un des représentants d'un grand peuple a dit en parlant de la Turquie : Cette nation est malade, partageons ses provinces, nous les ferons entrer dans la voie des progrès et de la civilisation. Mais l'histoire ne justifie pas plus cette opinion, que la morale ne justifierait l'opérateur qui, pour avancer l'art de guérir, appliquerait le scalpel sur le corps d'un malade, avant qu'il eût rendu le dernier soupir.

Les grandes nations, toujours disposées à abuser de la force, n'en seront pas un jour elles - mêmes les victimes?

La Pologne, avec ses 14 millions d'habitants n'a-t-elle pas été une puissance redoutable? et, lorsque, dans son orgueil, Charles-Quint rappelait que le soleil ne se couchait jamais dans ses États, il était loin de prévoir à quel degré de faiblesse tomberait, trois siècles après, la puissante monarchie espagnole.

La Turquie elle-même, maintenant si faible, a plus d'une fois fait trembler l'Europe? A la fin du dix-septième siècle, elle assiégeait Vienne; aujourd'hui on propose de la partager. Mais comment s'accomplirait ce grand acte d'iniquité? Par des guerres sanglantes avec les Musulmans, dont le malheur aurait ranimé l'énergie expirante, ou entre les peuples de l'Europe, qui ne sauraient s'entendre sur le partage des dépouilles.

S'il est dans les vues de la Providence que la
religion de Mahomet recule de nos jours devant
le christianisme, ce n'est point par la violence que
ce changement pourra s'effectuer, mais par l'action
puissante d'une religion persuasive et par l'influence de la civilisation qui en sera le précur-
seur. Cet avenir ne paraît pas éloigné; le rapprochement toujours plus intime des peuples entre
eux fera disparaître les préventions et favorisera
la diffusion des lumières et la propagation de
l'Évangile.

La possession du Bosphore, depuis que la
Russie s'est étendue jusqu'à la mer Noire, et que
l'Autriche a ouvert à ses provinces la navigation
du Danube, est devenue pour l'empire ottoman
la source de sérieuses inquiétudes.

L'Autriche pourrait-elle permettre plus longtemps que la Porte accordât à la Russie seule le
passage des Dardanelles, et qu'elle se plaçât ainsi
sous la dépendance de cet empire, tout en se
mettant en hostilité avec les autres nations ?

La Turquie ne peut espérer de conserver sa
nationalité et de recouvrer une position indépendante, qu'en accordant à tous les peuples ce
qu'elle ne peut refuser ni à la Russie ni à l'Au-

triche, je veux dire, le libre passage du Bosphore. En plaçant ses droits sous la protection d'un traité garanti par toutes les puissances, elle entrerait effectivement dans la sphère du droit public européen.

L'Égypte. — Le passage de l'isthme de Suez est pour l'Égypte ce que le passage du Bosphore est pour la Turquie; l'Égypte ne peut pas plus refuser l'entrée du premier à l'Angleterre, que la Porte ne peut fermer le second à l'Autriche et à la Russie. En effet, l'Inde anglaise, avec ses cent millions d'habitants, pèse d'un tel poids dans la balance des destinées de la Grande-Bretagne, que cette puissance doit chercher avant tout, même au prix des plus grands sacrifices, à faciliter ses moyens de communication avec cette immense colonie : or, le libre passage de la mer Rouge réduit à quelques semaines la durée d'un trajet qui, depuis Vasco de Gama, coûtait plusieurs mois aux navigateurs.

Le pacha, dont le génie a su donner à l'Égypte une existence indépendante, n'ignore pas qu'il est des fatalités contre lesquelles il serait dangereux de lutter; ce qui lui importe, en faisant des concessions qu'il ne saurait refuser, c'est de ne compromettre ni sa dignité, ni sa sûreté, ni ses intérêts matériels.

Céder le passage à une seule nation, c'est se mettre sous sa dépendance; aussitôt qu'elle en serait la maîtresse, elle emploierait, pour le conserver, des moyens qui lui donneraient une dangereuse prépondérance. Mais en accorder l'usage à l'Europe entière qui reconnaîtrait en même temps l'indépendance de l'Egypte, et concourir à un traité que signeraient toutes les puissances, c'est mettre à couvert sa dignité, assurer son avenir et entrer dans le droit public européen.

Le pacha obtiendra de toutes les puissances signataires, la garantie qu'aucune d'elles ne jouira du passage d'une manière contraire au traité.

Quant à ses intérêts matériels, ses droits seraient réservés comme le sont ceux du Danemarck à l'égard du Sund, et ce nouveau chemin, plaçant l'Égypte entre l'Inde et l'Europe, ces deux immenses foyers de consommation, en ferait l'entrepôt et l'intermédiaire d'un commerce trèsactif, source, pour ce pays, d'une brillante prospérité.

Ces considérations portent à croire qu'aucun État, plus que l'Égypte, ne doit désirer la conclusion d'un traité maritime, et que Méhémet-Ali, qui apprécie avec tant de justesse la portée des grands actes politiques, ne serait pas le dernier à lui donner son adhésion.

CHAPITRE V.

De la marche à suivre pour arriver à la conclusion d'un traité
maritime.

Après avoir jeté un coup d'œil sur la marche
de notre civilisation et sur les modifications qu'elle
doit apporter à la politique générale, nous avons
présenté la conclusion d'un *traité maritime* comme
un moyen de satisfaire aux besoins nouveaux des
peuples, et de concilier des intérêts qui ne sauraient être longtemps froissés sans troubler la
paix de l'Europe. Nous avons ensuite examiné les
motifs qui devraient engager les États dont le
commerce maritime est le plus étendu à prendre
part à ces négociations. Nous ne terminerons pas
cet écrit sans indiquer, en peu de mots, la marche
qui donnerait, selon nous, à ce projet, le plus de
chances de réussite.

La principale difficulté n'est peut-être pas de
prouver aux différents peuples qu'un semblable
traité leur est devenu nécessaire; très occupés

aujourd'hui de leurs intérêts, les esprits réfléchis du moins ont sans doute déjà abordé cette idée. Dans l'état actuel de l'Europe, les difficultés naissent souvent plus encore des sentiments hostiles qui séparent les gouvernements, que des intérêts opposés qui divisent les peuples.

La France et l'Autriche qui voient la Russie s'avancer vers Constantinople, et l'Angleterre poser les bases de sa puissance en Egypte et au Mexique, se trouvent maintenant dans une position difficile. Ces deux États persisteront-ils dans une politique qui leur a trop longtemps fait oublier combien ils ont besoin l'un de l'autre pour arrêter les envahissements et maintenir l'équilibre européen? ou bien, soigneux des intérêts de leurs peuples, repousseront-ils enfin le *statu quo* qu'on leur propose? Ce *statu quo* n'a pas empêché la Russie de conclure le traité d'*Unkiar-Skelessi* et l'Angleterre d'occuper la ville d'*Aden* et l'île de *Roatan*.

Encore quelques années de cette marche insensible mais soutenue, et les positions respectives de l'Autriche et de la Russie comme puissances continentales, celles de la France et de l'Angleterre comme puissances maritimes, ne seraient plus les mêmes.

Les gouvernements français et autrichien reconnaîtront, nous aimons à le penser, que le moment est arrivé de ne pas temporiser davantage : ils chercheront à établir un état de choses qui, en prévenant tous les empiétements, assure à tous la liberté de la navigation.

Si ces deux nations considèrent un traité maritime comme un moyen d'amener la solution des graves questions qui sont aujourd'hui en suspens, il leur appartient d'en rechercher les premières les bases et les conditions. Par ses sympathies politiques, la France semble bien placée pour inviter l'Angleterre et l'Amérique à y donner leur adhésion, tandis que l'Autriche peut s'adresser dans le même but aux monarchies du nord.

Si l'Angleterre et la Russie refusaient d'accéder à ce traité, ce serait là, ainsi que nous l'avons déjà fait observer, pour les autres nations un motif de plus de s'unir entre elles, puisqu'elles réuniraient une marine assez forte pour faire respecter leur alliance et que le refus des deux autres puissances trahirait l'intention de se livrer à des actes que le traité aurait spécialement pour objet de prévenir. La Russie et la Grande-Bretagne nous paraîtraient agir contre la saine politique en repoussant le traité, car non seulement les États signataires réuniraient à des forces déjà suffisantes pour le faire respecter, celles des puissances secondaires qui viendraient y adhérer, mais ils trouveraient encore un appui chez celle des deux monarchies rivales qui verrait ses intérêts compromis par les envahissements de l'autre. Leur refus n'aurait donc eu pour résultat que de les priver de l'influence naturelle qu'elles seraient appelées à exercer sur les autres États qui auraient concouru au traité.

Il est enfin une dernière considération que nous désirons présenter à l'attention de nos lecteurs.

L'histoire, ce grand maître, qu'il est si utile de consulter, nous enseigne que, parmi les peuples qui ont exercé une haute influence, les uns ont dû leur puissance avant tout aux forces matérielles que la Providence leur avait départies, à leur nombreuse population, à l'étendue et à la richesse de leur territoire; les autres, au contraire, aux forces morales dont ils étaient doués, à leur habileté, à leur valeur, à leur patriotisme. Le rôle de ces derniers a été plus brillant, leur action plus énergique, mais lorsqu'ils ont perdu les vertus auxquelles ils devaient cette prééminence, et qu'ils n'ont plus été soutenus que par leurs forces matériélles ; ils sont tombés au rang secondaire, ou plus malheureux encore ils ont perdu leur indépendance.

L'Europe, qui n'est qu'une si petite partie du monde habité (1), ne doit qu'à sa force morale la supériorité dont elle jouit. Mais cette influence qu'elle possède encore deviendra fort difficile à conserver dans les temps futurs; et bien que tout danger à cet égard paraisse encore éloigné, il n'est peut-être pas inutile d'attirer sur ce point l'attention des hommes réfléchis : leurs prévisions ne doivent pas seulement s'exercer dans d'étroites limites, elles doivent s'étendre aux chances lointaines de l'avenir.

Les émigrations, qui sont devenues si faciles, feront pénétrer partout la civilisation européenne : de nouveaux peuples prendront rang, ainsi que l'a fait l'Union américaine parmi les nations indépendantes. L'expérience prouve que les colonies ne restent attachées à la mère-patrie qu'aussi

	Milles géog.
(1) *La superficie totale des continents et îles*, est de :	37,673,000
La superficie de l'Europe jusqu'à l'Oural,	2,742,000
Celle de *l'Europe occidentale*, soit la France, l'Angleterre, l'Espagne, le Portugal, la Suisse, l'Italie, l'Autriche, la Prusse, la Confédération germanique, la Hollande, la Belgique, le Danemarck.	876,000

longtemps qu'elles ne peuvent se suffire à elles-mêmes. Elles s'en séparent dès qu'elles croient pouvoir se passer de cet appui.

Le nouvel ordre de choses où nous a fait entrer depuis un demi-siècle l'émancipation des Etats-Unis, doit faire sentir aux peuples européens la nécessité de mettre enfin un terme aux luttes qui les divisent : ceux-là même qui en auraient momentanément profité en reconnaîtraient bientôt, si elles se prolongeaient, les funestes conséquences, et l'Europe affaiblie, après avoir usé ses moyens d'action, ne tarderait pas à voir décliner sa supériorité et diminuer son influence.

Si la destinée des peuples considérés chacun isolément est la conséquence de leurs institutions et de leurs mœurs, celle des Etats, envisagés collectivement, ne dépend-elle pas essentiellement des transactions qui fixent la politique internationale?

Laisser l'Europe sous le régime des traités incomplets, que nous ont légués d'autres temps et d'autres circonstances, c'est la placer dans un état d'infériorité vis-à-vis des nations qui préparent leur grandeur future.

Les hommes auxquels est confiée la tâche difficile de gouverner, ne peuvent méconnaître que la découverte des nouveaux moyens de communication est plus favorable aux grands pays qu'aux États d'une médiocre étendue, par la même raison qu'un perfectionnement agricole profite plus à une grande propriété qu'à une simple ferme. Ils savent que les autres parties du globe possèdent déjà les éléments de puissance, qui furent long-temps l'apanage exclusif de l'Europe : si elle devait être de nouveau déchirée par des divisions et des guerres intestines, les nations rivales de sa puissance profiteraient seules de son affaiblissement.

Prévenir un si funeste résultat, en conciliant les intérêts opposés qui sont en présence, ouvrir la plus vaste carrière au développement de l'intelligence et assurer au commerce de tous les peuples une extension illimitée, tel serait le but d'un traité maritime : en est-il un plus digne d'être offert aux méditations des amis de l'humanité ? Si les gouvernements de l'Europe, faisant trêve aux rivalités qui les divisent, cherchaient sincèrement à préparer les bases d'une paix durable et de la liberté du commerce, ils mériteraient la reconnaissance des peuples, et les races futures jouiraient long-temps du fruit de leurs travaux.

TABLE.

Pages.

AVANT-PROPOS. 1

Chapitre I. — De la civilisation moderne, considérée dans ses rapports avec l'agriculture, l'industrie et le commerce. 5

Chapitre II. — Des obligations que l'état nouveau de la civilisation impose aux gouvernements européens. 16

Chapitre III. — D'un Traité maritime. 38

Chapitre IV. — De l'intérêt qu'ont les différents États à prendre part à un traité maritime. 53

Chapitre V. — De la marche à suivre pour arriver à la conclusion d'un traité maritime. 84